I0101533

L'AGRICULTURE

ET LA

LIBERTÉ

PAR

Le Comte L. DE SÉGUR

Conseiller général de Seine-et-Marne.

Prix: 25 centimes.

PARIS,

A. SAUTON, ÉDITEU

8, rue des Saints-Pères, au premier

—

1869.

2631

A. SAUTON, Libraire, 8, rue des Saints-Pères,
AU PREMIER.

ÉTUDES SUR L'ANGLETERRE

LES ÉLECTIONS DE 1868

ET

LE CABINET GLADSTONE

Par ÉDOUARD HERVÉ

In-12.— Prix: 3 fr. 50.

LES FINANCES

ET

LE MONOPOLE DU TABAC

Par le baron DE JANZÉ

Député des Côtes-du-Nord.

Grand in-8° à 2 colonnes.—Prix: 1 fr. 25

Envoi *franco* contre timbres-poste.

L'AGRICULTURE

ET

LA LIBERTÉ

A PROPOS DES RÉCENTES DISCUSSIONS
SUR LE CRÉDIT AGRICOLE.

La grande société des agriculteurs de
France, réunie en décembre dernier, a
porté spécialement son attention sur
une question qui préoccupe, à bon
droit, les cultivateurs : celle de l'éta-
blissement d'un crédit agricole digne
de ce nom, c'est-à-dire véritablement
utile et pratique. Beaucoup d'esprits
distingués ont apporté à la discussion
leur tribut de lumières. Mais il est un
côté de la question, le plus important
à notre sens, qui ne pouvait recevoir
tous les développements désirables dans
une assemblée agricole et non politique.
Heureux les pays où, dans les réunions

pareilles, les orateurs sont libres de
compléter leur pensée, et où la vérité
peut-être exprimée sans voile, telle que
la conscience la comprend !

Le crédit s'éloigne beaucoup trop souvent des agriculteurs; cela tient à un
mal général et profond dont la culture
devait, la première, sentir les atteintes.
Si l'on n'y prend garde, les autres bran-
ches de l'activité nationale ne seront pas
davantage épargnées. Ayons le courage
de regarder le mal en face et d'en re-
chercher les causes : cet examen fera
peut être entrevoir quels sont les seuls
remèdes efficaces.

Quel est le vrai mal ?

L'enquête agricole a confirmé un cer-
tain nombre de faits inquiétants et déjà
connus. Il suffit de les énumérer. A mesure que la culture plus perfectionnée
a exigé plus de bras et de capitaux, les
bras et les capitaux ont de plus en plus
manqué. L'élévation des salaires n'a pas
suffi à ramener vers les champs les travailleurs qui émigrent vers les villes. La
gêne s'est fait sentir, surtout en dehors

de la petite culture, fécondée par le travail opiniâtre et personnel des petits propriétaires. Malgré les progrès de l'art agricole, la valeur de la propriété rurale a baissé depuis vingt ans. En même temps, l'accroissement de la population se ralentit en France. Ces maux, l'optimisme le plus intrépide ne peut les contester. Ils ne sont pas incurables, à la condition d'en reconnaître clairement et courageusement les causes.

Quelle est l'origine du mal si grave de la dépopulation ?

Ce fléau frappe surtout les campagnes, et devait amener la rareté des bras dont se plaint l'agriculture.

Les documents administratifs insistent sur la diminution du nombre des enfants dans les familles. Ce fait vrai ne se présente pas avec une gravité nouvelle depuis vingt ans.

Ce qui a véritablement augmenté depuis vingt ans, c'est l'attraction des villes et la lourdeur du service militaire. M. Léonce de Lavergne, membre de l'Institut, économiste dont les agricul-

teurs connaissent l'autorité, a mis ces
vérités en lumière dans un résumé con-
cis et ferme de l'enquête agricole : Paris
seul a retiré aux campagnes 750,000 ha-
bitants.

Pour le service militaire, cause de
dépopulation que les documents administratifs évitent de faire ressortir, con-
sultons l'histoire : pendant la campagne d'Orient, en 1854 et 1855, les décès
ont dépassé les naissances, ce qui ne
s'était jamais vu.

En 1859, année de la campagne d'I-
talie, en 1861, commencement de l'ex-
pédition du Mexique, nouveau surcroît
de mortalité. Même dans les années de
paix, tant que nous tenons sur pied une
armée trop nombreuse, la mortalité est
plus forte qu'à l'ordinaire. La France a
perdu, depuis 15 ans, 500,000 hommes
dans la force de l'âge. De tout temps,
la progression de la population a suivi,
en sens inverse, la force du contingent
militaire. Avec 140,000 hommes de contingent pendant deux ans, la population
a reculé. Avec 100,000 hommes, con-

tingent malheureusement devenu habituel, le développement en est presque nul. La France ne peut supporter des contingents de 100,000 hommes : il n'y a qu'un cri à se sujet dans l'enquête, et la saignée des contingents épuise surtout la population rurale.

L'appauvrissement du capital agricole est dû à des raisons de même nature. Comment les capitaux ne déserteraient-ils pas la culture de la terre, lorsqu'ils sont attirés par des emprunts publics gigantesques ? Que de milliards ont été se perdre, depuis quinze ans, dans des dépenses militaires et dans des travaux de luxe! Qui ne se souvient de ces funestes discours sur le Mexique, discours envoyés jusque dans les hameaux pour attirer l'épargne des travailleurs dans les loteries de l'emprunt mexicain ? Aujourd'hui, on manie et on dépense des milliards avec une facilité qui confond la raison.

Les travailleurs des champs se font-ils une idée précise de ces sommes énormes versées chaque année par les con-

tribuables dans les caisses de l'Etat, ou absorbés par les emprunts publics? En vérité, nous aimerions que l'on proposât des problèmes comme les suivants dans les écoles primaires, pour apprendre aux enfants l'histoire contemporaine. Que représentent d'une manière palpable, ces 4 milliards ajoutés depuis 15 ans, sous diverses formes, à la dette publique de la France, et dont la plus grande partie a été engloutie par la guerre? Comme on l'a déjà dit, ces 4 milliards, en pièces de 5 francs, occuperaient une superficie d'environ 110 hectares, ou plus de 260 arpents. Ils pèseraient 20 millions de kilogrammes. Il faudrait donc, pour les transporter, 13,333 chevaux ou 2,000 wagons. Voilà la masse d'argent que les guerres et les dépenses extraordinaires ont absorbée en sus des dépenses ordinaires des budgets.

N'est-il pas essentiel, au point de vue de l'ordre et de la richesse nationale, d'arrêter de telles destructions de capitaux? Avons-nous le droit de grever nos

descendants de pareilles charges ? Le
deuxième Empire a prêté bien peu
d'attention aux recommandations finan-
cières du fondateur de la dynastie ; car
voici dans quels termes Napoléon Ier
s'exprime sur les emprunts publics,
dans le préambule d'un de ses décrets :
« Ce moyen, dit-il, est à la fois immoral
et funeste. Il impose à l'avance les gé-
nérations futures, il sacrifie au moment
présent ce que les hommes ont de plus
cher, le bien-être de leurs enfants, il
mine insensiblement l'édifice public, et
condamne une génération aux malédic-
tions de celles qui la suivent. »

Si cette opinion est trop absolue, on
ne peut, en principe, contester sa sa-
gesse, surtout en face du système d'emprunts à outrance appliqué aujourd'hui.

L'agriculture devait souffrir la première. C'est sur la terre et les produits
de la terre que retombent presque tous
les impôts. L'agriculture paie sous tou-
tes les formes : par l'impôt foncier, par
l'impôt des mutations d'immeubles, par
les impôts indirects qui frappent sur la

plupart de ses produits, par l'octroi à l'entrée des villes. Elle porte à elle seule les trois quarts du fardeau.

Obligée, en outre, de faire des sacrifices de tout genre pour maintenir la marche de ses progrès, elle est privée, chaque jour de plus en plus, des deux éléments essentiels de sa prospérité : les bras et les capitaux. En vérité, elle a reçu tant de coups que, si un fait doit nous étonner, c'est son incroyable vitalité. Et ce n'est pas un médiocre titre de gloire pour nos cultivateurs d'avoir tenu si haut, au milieu de tant d'épreuves, le drapeau de la culture française. Voyant les progrès accomplis, on ne peut songer, sans douleur, aux progrès empêchés.

Nous croyons avoir signalé les grandes causes d'appauvrissement pour la culture. Si elles viennent à disparaître ou même à s'atténuer sensiblement, des institutions de crédit agricole, utiles et pratiques, se fonderont sans peine. Dans les pays où les finances de l'Etat sont en équilibre, où les entreprises

aléatoires ne reçoivent pas les encoura-
gements du gouvernement, où les emprunts publics n'absorbent pas l'épargne, l'argent suit sa pente naturelle
vers les placements agricoles. Alors, la
discussion sur la meilleure forme de
crédit agricole à instituer prend un intérêt immédiat et pratique.

Avant tout, il faut donc guérir les
plaies par où s'échappent l'argent et le
sang des agriculteurs. Puisqu'on a voulu
créer une garde mobile considérable,
n'aurait-on pas dû donner, comme com-
pensation, une réduction des contingents
de l'armée permanente? Cette efficace
mesure, nous la croyons sans danger.
Malgré la politique qui a secondé l'uni-
fication de l'Allemagne, aucune puis-
sance européenne ne menace notre sé-
curité intérieure ; aucune n'a oublié la
vieille gloire de la France.

Dans l'intérêt de la défense nationale,
est-ce fortifier le pays que d'arrêter les
progrès de la population et de diminuer
pour l'avenir le nombre des soldats? La
réduction du contingent militaire hâte-

rait, sans nul doute, l'équilibre digne
de ce nom, c'est-à-dire obtenu en dehors
des ressources factices et trompeuses
créées par les emprunts incessants. Cet
équilibre atteint, nous aurions moins
longtemps à attendre d'autres soulage-
ments aussi nécessaires pour la culture.

Des dégrèvements d'impôts sont par-
tout réclamés dans l'enquête. Et c'est
justice ; le gouvernement ne le nie pas.
Les plaintes les plus vives portent sur
l'impôt des mutations. Si les droits
étaient réduits sur les ventes, les succes-
sions, les échanges et autres opérations
semblables, le fisc lui-même n'y perdrait
pas ce qu'on pense. Beaucoup de tran-
sactions qui échappent aujourd'hui à
l'impôt n'auraient pas le même intérêt
à s'y soustraire.

L'expérience, du reste, a été faite dans
des pays assez heureux pour avoir un
budget présentant des excédants de re-
cettes. A chaque dégrèvement la recette
décroît d'abord, puis elle se relève, et la
plupart du temps la perte est réparée
avec usure. Mais quand le budget se

solde en déficit avoué, ou déguisé par des emprunts, ces expériences de dégrè-- vements si utiles , je dirais même si glorieux pour un gouvernement, se trou- vent ajournées.

Nous n'en devons pas moins tendre tous nos efforts vers ces progrès. Sans eux, point de prospérité assurée pour la culture dans l'avenir, point de crédit agricole efficace. Il faut, on le voit, que la fermeté politique vienne au secours des efforts et des souffrances des agriculteurs.

Pour obtenir de tels biens, il n'y a pas de révolutions à faire, il n'y a qu'à se servir des droits. reconnus par la Constitution pour élire des représen- tants en communauté de cœur et d'inté- rêts avec les populations agricoles, des représentants dont les mains ne soient ni liées, ni défaillantes pour leur défense.

Les pratiques administratives, l'appel impérieux fait aux fonctionnaires de tous rangs pour appuyer les candida- tures officielles, ont pu donner le chan- ge sur les droits et les devoirs des ci- toyens. Mais la gravité de la situation actuelle commence à faire ouvrir les yeux. A qui profite un pareil système ? Est-ce aux intérêts du pays? Est-ce au prestige du pouvoir ? Que l'on juge l'arbre par ses fruits ! Des élections les plus conformes aux vœux de l'administration sont sortis, depuis quinze ans, les plus gros budgets , les plus grands déficits, les plus lourds contingents militaires que la France ait connus depuis 1815. Aucun avocat des candidatures officielles ne pourrait le contester.

Montesquieu a dit ce mot profond : « L'agriculteur ne fleurit que dans les » pays de liberté. » Les laboureurs ont droit à une plus grande et plus libre part dans la direction des destinées nationales. L'agriculture , la première, la plus répandue de nos industries, peut-elle vouloir quelque chose qui ne soit pas conforme à l'intérêt du pays ? Les populations des campagnes n'ont-elles pas toujours donné à l'ordre assez de preuves de dévouement?

Qu'on laisse donc les cultivateurs choisir spontanément leurs députés au

Corps législatif, où se décide l'usage que l'on fera de leur sang et de leur argent. Personne ne perdra au change : ni l'administration qui cessera e'être en butte à des critiques trop justifiées, ni les cultivateurs, qui n'ont pas besoin qu'on leur présente des candidats officiels pour faire des choix honnêtes et patriotiques.

L'agriculture ne peut se contenter aujourd'hui de ces promesses vaines, de ces marques d'intérêt stériles dont les gouvernements sont trop souvent prodigues. Elle aura fondé le vrai crédit agricole et fermé l'ère des déceptions, le le jour où, usant de ses droits, elle aura placé auprès du pouvoir un contrôle assez-éclairé pour le seconder franchement dans la voie du progrès libéral , assez ferme pour lutter contre les dépenses et les armements exagérés.

LOUIS DE SÉGUR,
Membre du Conseil général
de Seine-et-Marne.

Paris.— Typogr. de E. Brière, 257, rue Saint-Honoré.

A. SAUTON, Libraire, 8, rue des Saints-Pères,

AU PREMIER

INDÉPENDANCE

DES MAIRES

Par le Cte L. DE SÉGUR

Conseiller général de Seine et-Marne.

In-18.—Prix : 25 cent.

LES PRÉFETS ET LES MAIRES

—

LES PRÉFETS

EN TOURNÉE DE RÉVISION,

Par C. DE LACOMBE.

In-18.—Prix : 25 cent.

—

Envoi *franco* contre timbres-poste.

O

www.ingramcontent.com/pod-product-compliance
Lightning Source LLC
Chambersburg PA
CBHW060724280326
41933CB00013B/2559